LETTRE

À

M. ÉMILE AUGIER

DE

L'ACADÉMIE FRANÇAISE

A L'OCCASION DE SON ÉCRIT

SUR LA QUESTION ÉLECTORALE

PAR

BOICHOZ, de Gendrey (Jura)

Plus d'abstention possible
dans l'élection des Députés.

PARIS

MICHEL LÉVY FRÈRES, LIBRAIRES ÉDITEURS

2 *bis*, rue Vivienne, et boulevard des Italiens, 15,

A LA LIBRAIRIE NOUVELLE

1865

A MONSIEUR ÉMILE AUGIER

DE

L'ACADÉMIE FRANÇAISE

MONSIEUR,

Vous vous êtes livré, pendant longtemps, à une série d'études sur le suffrage universel appliqué à l'élection des députés ; et, en souvenir de vos méditations sur cette grave et importante matière, vous avez résumé, par écrit, vos conclusions intimes ; puis vous avez communiqué votre travail à vos amis ; et, prenant en considération leurs instances, vous avez enfin consenti à livrer à la publicité l'œuvre politique d'un bon citoyen, qui craint de voir le Gouvernement faire fausse route, dans la voie où nous sommes tous engagés.

Vous ne deviez avoir, Monsieur, ni hésitation ni scrupule de conscience dans l'accomplissement d'un acte que vous considérez, à juste titre, comme le devoir de tout homme de bonne volonté. Votre voix éloquente est suffisamment autorisée pour que le public, qui vous connaît et vous aime, accueille, avec un très-grand intérêt, les observations que vous lui avez soumises et les conseils qui en sont la conséquence. En effet, si vos œuvres dramatiques obtiennent un si légitime succès et de si flatteurs applaudissements, c'est qu'elles sont très-savamment étudiées ; que l'action est parfaitement naturelle ; les caractères fort exacts; que tout s'enchaîne à merveille; que rien ne sent le travail, et que l'on peut dire, avec une légère licence, que vos comédies sont des photographies prises sur nature, et d'une admirable ressemblance.

Chacun sait que, pour réussir dans votre art difficile, il faut, outre la science *du bien dire*, que vous possédez à un très-haut degré, savoir faire poser son modèle, et le placer de telle sorte qu'il présente, aux regards de l'observateur intelligent, la face entière sous laquelle il doit être reproduit. Or, le public sait que vous êtes un excellent observateur, que vos déductions sont toujours justes; et il est aussi disposé à accepter avec confiance le fruit de vos études politiques, qu'à vous donner des marques non équivoques de sa sympathie.

Vous expliquez, Monsieur, que votre étude sur la question électorale a été publiée, à peu près telle que vous l'aviez écrite pour vous, « *sans que vous ayez arrondi par le moindre ornement* » *la rigidité de vos déductions; estimant qu'en pareille matière* » *le devoir d'une honnête idée est de se montrer toute nue.* » Permettez-moi de me faire l'écho de ce que j'entends dire de votre écrit, et de vous répéter que, si vous n'avez point *fardé* votre pensée, vous en avez, du moins, relevé le mérite par une grande clarté, par une ferme persuasion, par une facilité et une vigueur de style qui constituent, pour votre idée, un magnifique déshabillé du matin, dans lequel on reconnaît bientôt la coupe académique. La publicité n'avait donc rien qui dût vous inquiéter.

Par la dernière phrase de votre avant-propos, vous appelez la discussion sur le terrain que vous avez exploré : *le seul*, dites-vous, *où la rencontre des idées gouvernementales puisse ne pas être stérile.* — Cette invitation me paraît si cordiale et si sincèrement adressée à tous les hommes de bonne volonté qui com-

prennent un peu la politique, que, mettant de côté ma grande
timidité dans la controverse, j'ose, moi inconnu dans la République des lettres, dont vous êtes un grand dignitaire, vous soumettre mes doutes et mes observations sur les mesures que vous
proposez.

Vous pensez, Monsieur, qu'une discussion, sur la base des points
traités dans votre opuscule politique, pourrait être utile: je le
crois comme vous, et je ne m'arrêterai point devant l'infériorité
de mes moyens. Je n'admets pas, cependant, que l'on puisse
vous déranger sans vous dire qui l'on est. Voici, en ce qui me
concerne, le seul titre que je puisse invoquer pour oser prendre
part à l'important débat que vous provoquez ; souffrez donc ,
Monsieur, que je vous parle de moi, puisqu'il le faut.

Un certain jour du mois d'avril 1849, fatigué d'avoir entendu
la peur déraisonner autour de moi, et assurer que la *République
Rouge* était une nécessité qu'il fallait subir, en silence, avant d'arriver à un Gouvernement stable et réparateur, je me mis à cou-
vrir quelques pages de pensées et d'observations qui me semblè-
rent propres à rétablir le véritable caractère de la démocratie honnête, et à indiquer aux incertains, comme aux égarés, la route
à suivre pour éviter les écarts et les excès par lesquels, tout en
bouleversant la société, les fauteurs de révolutions courent eux-
mêmes à leur perte. Cet écrit, qui avait pour titre : *Notions populaires de politique démocratique,* fut immédiatement livré à l'impression, sans que j'eusse voulu consulter personne : mes amis
m'auraient conseillé de le laisser dormir, pour ne point éveiller
les susceptibilités du Parquet républicain, par la critique, un peu
vive, que je faisais de la nouvelle Constitution, et par l'opinion que
j'exprimais que, nonobstant cette Constitution, la nation ne
consentirait point à choisir un autre président que Louis-Napoléon, lorsque ses pouvoirs expireraient. J'adressai, cependant, ma

La polémique est accep-
tée par l'auteur de
cette lettre.

Ses titres pour se mêler
au débat.

brochure à l'Académie des sciences morales et politiques (Institut de France), et là elle reçut un accueil fort honorable (voir le *Moniteur* de 1849, page 3,111). Voilà mon seul titre pour entrer dans la discussion.

Comme vous, Monsieur, je produisis mes idées, *que je crois honnêtes*, dans un très-simple costume, avec cette différence, cependant, que vous avez mis un grand talent au service d'une pensée généreuse, tandis que, si l'on a été indulgent pour moi, c'est parce que j'étais sur la brèche au moment nécessaire; et que les matières que j'ai traitées avaient besoin d'être mises à la portée de toutes les intelligences. Je ne pouvais manquer de dire mon avis sur le suffrage universel et d'indiquer le moyen, qui me semble le meilleur, pour mettre en pratique ce nouveau mode d'élection : c'est-à-dire de le réglementer au profit de la société française et du Gouvernement qui la représente. L'opinion que j'exprimai en 1849, et qui n'a pas varié, a une très-grande connexité avec les observations contenues dans votre écrit; et je me félicite, Monsieur, d'être d'accord avec vous, sur le fond, dans cette importante question.

Voici les passages de ma brochure qui se rapportent aux élections; vous jugerez :

DE LA SOUVERAINETÉ DU PEUPLE

Extrait de la brochure écrite en avril 184?, par M. Boichoz, et ayant pour titre : *Notions populaires de politique démocratique*.

« La souveraineté du peuple est un principe de droit naturel.

» Il appartient, en effet, aux individus composant le corps

» social, de régler les conditions de l'association; de pourvoir
» aux besoins de la société ; de faire les lois destinées à proté-
» ger les personnes et les propriétés; d'établir les récompenses qui
» doivent être le prix des services rendus à l'association, et de
» prononcer les peines qui doivent prévenir ou punir les crimes
» et délits.

» La souveraineté du peuple comporte une autorité sans limite,
» car cette autorité ne pourrait être restreinte que par un pou-
» voir supérieur à la volonté nationale ; et, alors, le peuple ne
» serait plus souverain. La souveraineté du peuple, c'est le triom-
» phe de la force soumise à la raison; le règne de la démocratie,
» c'est-à-dire des véritables intérêts populaires, et non le règne
» de la violence, de la rapine et de l'incapacité.

» Lorsqu'en 1848, une émeute, favorisée par l'indifférence des
» citoyens, devint maîtresse de Paris, des hommes d'opposition
» profitèrent du succès inespéré de la révolte pour s'emparer du
» pouvoir. Ces consuls de l'insurrection, craignant un revirement
» de fortune, se mirent à l'abri de la colère nationale, en pro-
» clamant la souveraineté du peuple, et en déclarant que la
» nation serait consultée sur la forme de Gouvernement qu'elle
» voudrait se donner ; mais les faits qui se produisirent donnent
» lieu de penser que cet hommage au principe démocratique
» n'était qu'un expédient d'un jour ; car, bientôt après, les déten-
» teurs du pouvoir proclamèrent la République, et déclarèrent
» que la France ne voulait pas, désormais, d'autre Gouverne-
» ment.

» L'histoire, qui afflige chaque jour le Gouvernement provisoire
» par les plus tristes révélations, dira s'il est vrai qu'en procla-
» mant la République, les membres de ce Gouvernement espé-
» raient prolonger indéfiniment leur règne ? Elle dira encore, si

» c'est pour arriver à cette dictature perpétuelle que les ministres
» demandaient, par leurs circulaires et par leurs agents, que les
» choix du peuple se portassent sur des hommes ignorants et
» tout à fait étrangers aux affaires d'Etat ? Elle fera connaître
» si c'est pour avoir une Assemblée nationale souple, docile, et
» selon le cœur de nos maîtres d'alors, que ces Messieurs ont aidé,
» facilité ou laissé accomplir le plus scandaleux gaspillage de nos
» finances ? (1) — Elle dira enfin que les ambitieux avaient compté
» sans la véritable démocratie.

» Le vrai démocrate, en effet, n'est ni le soldat de l'émeute qui
» cherche à bouleverser la société au profit d'intrigants avides,
» ni le mendiant valide et paresseux qui reçoit l'aumône flétris-
» sante qu'on lui fait avec les dépouilles du peuple. Le vrai démo-
» crate est celui qui sert et défend les intérêts du peuple par tous
» les moyens honnêtes et légaux ; c'est l'homme, sincèrement libé-
» ral, qui appelle de ses vœux et qui cherche, par ses médita-
» tions et ses travaux, les moyens d'augmenter la richesse na-
» tionale et d'en opérer la répartition la plus équitable entre les
» citoyens.

» La souveraineté du peuple s'entend du droit imprescriptible
» qu'a la nation de choisir le Gouvernement qui lui convient, de
» désigner les citoyens qu'elle veut investir des premiers pouvoirs
» de l'Etat, et de nommer, par la voie du scrutin, à tous les em-

---

(1) « Si telles étaient les vues et les intentions de quelques membres
» du Gouvernement provisoire, il y en avait, *dans le nombre*, qui étaient
» animés d'un véritable patriotisme et dont les intentions étaient parfai-
» tement pures et honnêtes. Si la France ne les eût pas aimés et n'eût pas
» compté sur eux, elle n'aurait pas souffert, si longtemps, un pouvoir qui
» n'avait pas ses sympathies ; mais les hommes qu'elle aimait manquaient
» de caractère politique, et ils ne purent que fort peu de chose pour le salut
» de la France. »

» plois qui n'exigent pas des connaissances particulières ou des
» études spéciales.

» Le peuple, ne pouvant exercer lui-même toute son autorité,
» est obligé d'en déléguer une très-grande partie ; mais les ques-
» tions constituantes qu'il peut résoudre directement doivent lui
» être soumises, et la manifestation de sa volonté doit être un
» arrêt inattaquable pour tous les bons citoyens. Le penple a
» nommé ses représentants ; il devait, avant de choisir le pré-
» sident de la République, statuer sur la forme de son Gouverne-
» ment. Les détenteurs du pouvoir, en refusant de le consulter
» sur ce point, ont commis une faute politique. Puissent-ils ne
» pas l'expier par l'exil ! »

DU VOTE UNIVERSEL

« Le vote universel est la conséquence de la souveraineté du
» peuple. — Il faut, en effet, pour que cette souveraineté ne soit
» point une illusion, que tous les citoyens puissent prendre part
» aux affaires publiques, soit par eux-mêmes, soit par des man-
» dataires de leur choix. Mais pour que l'urne du scrutin donne
» la véritable expression de la volonté du peuple, il faut que les
» citoyens votent en parfaite connaissance de cause. Pour cela,
» il y a deux moyens : le suffrage universel direct et le vote uni-
» versel à deux degrés.

» Dans le système démocratique pur, le suffrage universel direct
» doit être employé toutes les fois qu'il s'agit des grandes ques-

» tions constituantes, telles que la forme du Gouvernement,
» l'adoption ou le rejet de la Constitution, la nomination du chef
» de l'État, et quelques autres du même ordre. — Mais, lorsqu'il
» s'agit de choisir les mandataires de la nation, le vote universel
» direct est insuffisant pour faire connaître l'opinion et la volonté
» du pays.

» Par le vote à deux degrés, on obtient, au contraire, une repré-
» sentation nationale qui est l'expression sincère de l'esprit poli-
» tique du pays.

» Les faits confirment pleinement cette opinion, qui n'est, elle-
» même, que la conséquence de ce qui se passe dans les élections.

» On a demandé au peuple de désigner, *par scrutin de listes*,
» les hommes qu'il entendait choisir pour ses mandataires?.....
» Les électeurs, qui, pour la plupart, ne connaissaient pas les can-
» didats, ont voté sous l'inspiration des journaux, sous la pres-
» sion des *commissaires* et sous l'influence des comités qui s'étaient
» donné la mission de diriger les élections (à leur profit personnel,
» bien entendu, ou à celui de leur opinion). Il est résulté de là que
» l'Assemblée nationale, composée d'éléments divergents, où les
» partis étaient à peu près aussi forts les uns que les autres, n'a pu
» avoir de système arrêté, et que ses actes ont été l'œuvre d'une
» perpétuelle et timide transaction, servant alternativement les
» désirs de tous les partis. Cette Assemblée, élue, en grande par-
» tie, sous l'influence de minorités ardentes, n'a évidemment pas
» montré le caractère de fermeté et de décision que devait avoir la
» représentation nationale. Cela tient uniquement au mode d'élec-
» tion qui lui a donné la vie.

» L'élection du président de la République présente, au contraire,
» un caractère de sincérité qui ne laisse prise à aucune critique.

» En effet, Louis-Napoléon Bonaparte revenait à peine de l'exil
» lorsque le peuple lui décerna un magnifique triomphe, malgré
» tous les empêchements que l'on avait cherché à apporter à son
» élection, et contrairement au vœu secret de l'Assemblée natio-
» nale, qui désirait nommer elle-même le président. Mais, dans
» cette élection, c'est en parfaite connaissance de la signification
» de son nom que Louis-Napoléon a été choisi, par l'immense ma-
» jorité des Français, pour chef de l'État.

» Comment pourrait-on admettre, en présence d'une si impo-
» sante manifestation de la volonté du peuple, que (si Louis-
» Napoléon continue à justifier la prédilection dont il a été l'ob-
» jet) la nation consentît, ainsi que le veut la Constitution, à
» choisir un autre président, lorsque les pouvoirs du premier
» expireront ?..... Cela n'est pas probable : c'est la Constitution
» qu'il faut légalement réviser.

» Des résultats si différents, obtenus par le même mode d'élec-
» tions, prouvent que le suffrage direct, par scrutin de listes, livre
» nécessairement l'élection des représentants du peuple à des in-
» fluences circonscrites dans un très-petit nombre de citoyens.
» On peut même dire, avec vérité, que les citoyens qui dirigent
» et assurent la nomination des représentants sont bien moins
» nombreux que les électeurs qui nommaient les députés sous le
» règne de Louis-Philippe. — Que les influences actuelles soient
» salutaires ou non, la question n'est pas là ; elle est tout entière
» dans le principe du suffrage universel, dont les résultats sont
» faussés, par les scrutins de listes, pour la nomination des re-
» présentants.

» Le vote à deux degrés se réalise comme il suit :

» Dans chaque canton, les électeurs primaires, c'est-à-dire tous
» les citoyens âgés de vingt-un ans, au moins, nomment, au

» scrutin, un certain nombre de délégués qui sont ensuite chargés
» de procéder au choix des représentants du peuple.

» Le vote à deux degrés, tout en conservant le caractère démocra-
» tique qui est la conséquence de la souveraineté du peuple,
» amènerait une grande sincérité dans les élections ; car les élec-
» teurs du second degré, plus éclairés et plus versés dans la
» connaissance des hommes et des affaires que leurs commettants,
» échapperaient facilement aux influences qui pèsent sur le suffrage
» universel direct et qui tendent à fausser la représentation na-
» tionale. »

CONFUSION DES POUVOIRS

Situation
de l'esprit public
en 1849.

A l'époque de transformation sociale que nous traversions en
1849, l'esprit public subissait des défaillances et des modifications
qui annonçaient le triomphe prochain de la pensée démocratique. Il devenait, alors, nécessaire de prendre, très au sérieux,
ce pouvoir nouveau avec lequel on allait, sans doute, être bientôt
obligé de compter ; et il fallait, en quelque sorte, proclamer les
conditions auxquelles devait se soumettre le Gouvernement du
peuple, pour faire accepter l'autorité suprême, dont la démocratie
turbulente cherchait à s'emparer.

Droit divin.

Sapé, depuis longtemps, par les attaques des philosophes du dix-
huitième siècle, et par celles des frondeurs qui leur succédèrent,
LE DROIT DIVIN, déduit des livres sacrés du christianisme. *avait*, en

ce qui concerne le gouvernement des nations, *entièrement perdu le prestige qui, pendant tant de siècles, avait protégé les couronnes* : aucune dynastie ne se croyait désormais en sûreté, derrière ce principe qui avait, autrefois, si puissamment contribué à maintenir le pouvoir dans les familles régnantes.

Dans ces conjonctures difficiles, on devait craindre que de violentes convulsions politiques n'amenassent un bouleversement général, pendant l'humiliante prostration que subissait la patrie ; mais, heureusement, un dogme, que l'on avait oublié d'attaquer, était encore debout et fortement enraciné dans l'esprit de tous les hommes quelque peu intelligents : celui qui veut que, *dans toute société civile le Gouvernement n'existe et ne fonctionne qu'en vertu* d'un principe, hors de discussion, *auquel les citoyens et les gouvernants doivent respect et obéissance.* Cette heureuse *épave*, provenant du naufrage intellectuel de tant de cerveaux ardents et déréglés, permit de substituer, sans secousse, la souveraineté du peuple au *droit divin*, ainsi que cela avait eu lieu en 1792, et que la monarchie de 1830 l'avait implicitement accepté, après la révolution de Juillet.

Souveraineté nationale.

Dans les premières années qui suvirent la révolution de 1848, la représentation nationale, composée de citoyens appartenant à différents partis et à diverses nuances, dans chaque parti, ne pouvait obtenir une majorité solide : pas plus pour le bien que pour le mal. — Dans ce fractionnement, en nombreuses coteries politiques mal disciplinées, les partis ne pouvaient apporter, à leurs chefs respectifs, qu'une force éphémère et insuffisante pour leur assurer le pouvoir... De là, des dissentiments, puis des dissensions profondes qui firent perdre du terrain à la démocratie révolutionnaire. Celle-ci prit la résolution d'ajourner ses entreprises, en indiquant, toutefois, les élections pour la seconde présidence de la république, comme l'époque certaine de son triomphe.

Situation des partis en 1848 et 1849.

Projet de la démagogie.

Anarchie dans le sein de l'Assemblée nationale.

Mesure de salut public.

Changement dans la forme du Gouvernement. La confiance et la sécurité reparaissent

La souveraineté du peuple est maintenue comme raison d'État.

L'état de confusion qui existait au sein de l'Assemblée nationale, constituait une véritable anarchie, car le Président de la République était en butte à une sourde conspiration qui cherchait à lui enlever le pouvoir. Dans de telles conjonctures, *une mesure insolite de salut public* était nécessaire : elle seule pouvait sauver le pays des dangers qu'il courait ; elle était attendue, et elle eut lieu sans effusion de sang. — Bientôt elle fut suivie d'un changement, dans la forme du gouvernement, qui ramena le calme, la confiance, la sécurité et la prospérité dans notre chère patrie. La France était redevenue une puissante monarchie : c'était la conséquence de ce que l'on a appelé le coup d'état du 2 décembre. Mais le dogme de la souveraineté du peuple fut maintenu, et il devint le principe fondamental sur lequel repose la légitimité de la dynastie impériale et la puissance du Gouvernement français. Ce principe, on le sait, ne doit point être discuté.

DISCUSSION DU SYSTÈME DE M. AUGIER

Les faits qui viennent d'être cités sont bien connus, et il n'était point nécessaire de les exposer de nouveau ; mais il m'a paru convenable de les reproduire, dans la prévision des conséquences que je pourrais avoir besoin d'en tirer dans cette discussion.

Jusques là il existe peu de divergence politique entre les idées de M. Augier et celles de M. Boichoz.

On peut déjà induire, de ce qui précède, que nos opinions sont peu divergentes sur les points les plus essentiels du sujet que nous avons traité séparément, et j'espère qu'au terme de cette petite discussion, nous serons à peu près d'accord, sur les moyens de réglementer le suffrage universel au profit de la sincérité des élections.

Permettez-moi donc, Monsieur, de constater les points communs de votre opinion avec la mienne, livrée depuis longtemps à la publicité :

Suffrage universel. A la page 12 de votre très-remarquable écrit, on trouve cette pensée :

« La première cause de précision du suffrage, c'est la com-
» pétence de l'électeur. Le suffrage universel direct la donne-t-il ?

» Evidemment oui, pour les questions générales, telles que le
» choix d'une forme de Gouvernement ou l'élection du chef de
» l'Etat; tous les candidats portent des noms qui sont des dra-
» peaux. Mais pour l'élection des députés, c'est autre chose, etc. »

A la page 21 de ma brochure, on peut lire ceci :

« Dans le système démocratique pur, le suffrage universel direct

» doit être employé toutes les fois qu'il s'agit des grandes ques-
» tions constituantes, telles que la forme du Gouvernement, l'a-
» doption ou le rejet de la Constitution, la nomination du chef de
» l'Etat, et quelques autres du même ordre. Mais lorsqu'il s'agit de
» choisir les mandataires de la nation, le vote universel direct est
» insuffisant pour faire connaître l'opinion et la volonté du pays. »

» Par le vote à deux degrés, on obtient, au contraire, une repré-
» sentation nationale qui est l'expression sincère de l'esprit politi-
» que du pays. »

Il est évident qu'en ce qui concerne les dangers résultant des entraînements du suffrage universel, nous avons exactement la même manière de voir. Nous différons un peu, il est vrai, sur *la réglementation* qui a pour objet d'assurer la sincérité des votes et de soustraire les électeurs aux influences qui peuvent les égarer ; mais nous sommes d'accord sur la nécessité d'employer le suffrage universel direct pour résoudre ou sanctionner les grandes questions constituantes, tandis que, pour toutes les élections des députés, *les électeurs fondamentaux* (ceux du suffrage universel) *délégueraient leurs pouvoirs à des hommes de leur choix.*

La polémique que vous avez ouverte, Monsieur, vient en temps opportun, et il est probable que vos idées feront leur chemin, puisque le Gouvernement lui-même vient de proclamer, par la voix si autorisée de l'éminent ministre d'Etat, que les entraînements politiques du suffrage universel — « *pourraient être redoutables,* » *s'ils n'avaient pour contre-poids un pouvoir fort, une dynastie en-* » *tourée de prestige, et de l'inaltérable affection des masses.* »

De cette circonstance, que le Gouvernement ne dissimule point aux Conseils généraux la nécessité d'un contre-poids pour neutraliser les entraînements politiques du suffrage universel, et qu'un pouvoir fort, avec une dynastie chère à la France, sont les conditions qui donnent, à ce contre-poids, une force suffisante pour résister aux entraînements dont il s'agit, il faut conclure que, tout en respectant le principe de la souveraineté du peuple, l'Empereur pourrait bien, quelque jour, faire réglementer le suffrage universel, de telle sorte que ses entraînements politiques ne fussent désormais redoutables ni pour le Gouvernement, ni pour la tranquillité publique. Nous verrons bientôt que cela est facile, sans exclure aucun citoyen des honneurs de la députation, et sans se passer du suffrage universel direct à chaque élection de député.

DIVERGENCE D'OPINION AVEC M. AUGIER

C'est ici, Monsieur, que, pénétrés l'un et l'autre du désir de voir, dans les élections politiques, l'honnêteté et la sincérité s'élever au niveau des sentiments d'honneur qui sont la base de notre caractère national, nous différons, cependant, sur les moyens d'arriver à ce résultat. En cherchant les causes de ce petit dissentiment, je crois les avoir trouvées dans les conséquences différentes que nous tirons du principe sur lequel repose le Gouvernement français : *La souveraineté nationale*, et, par suite, *le suffrage universel*. J'ai été conduit, par un examen aussi agréable qu'attentif de votre intéressant écrit, à penser que si les solutions que nous avons respectivement indiquées ne sont pas tout à fait identiques, cela vient de ce que, dans quelques-unes de *vos prémisses*, je suis (peut-être à tort) un peu plus difficile que vous, en ce qui concerne l'admission de certaines propositions sur lesquelles s'appuie votre argumentation. Exemples :

Page 6, vous dites, en parlant des préoccupations de l'esprit public, à l'occasion de la question que vous allez traiter : « Toute-» fois, elle occupe vaguement les esprits : elle est dans l'air, comme » on dit. Mais les questions qui sont dans l'air risquent fort de » s'évanouir, si elles tardent trop à se condenser en formules. »

Je me trompe, peut-être, Monsieur, mais j'ai foi dans le triomphe *du sage et véritable progrès*, et je suis convaincu que les vérités utiles au perfectionnement de la civilisation, fussent-elles trop longtemps méconnues, finiront toujours par l'emporter sur l'erreur. C'est dans cette pensée que j'écrivais (toujours dans la même brochure, page 29), en note :

« Les hommes dont la conviction est profonde, et qui, par leurs
» études ou leurs méditations, sont amenés à constater des faits ou
» des vérités de nature à agir puissamment sur le bien-être de
» leurs concitoyens, ne doivent pas se lasser de proclamer ces
» vérités. — En répétant souvent la même pensée, elle tombe dans
» le ridicule, et par conséquent dans l'oubli, lorsqu'elle n'a rien
» de fécond ; mais quand elle renferme un principe utile, elle
» prend créance, se classe, et finit par s'imposer d'elle-même. »

Malaise de notre société.   Page 7, vous exprimez cette opinion : « La vérité que j'ai aperçue,
» c'est que le malaise de notre société est, tout simplement,
» le défaut d'une bonne loi électorale. »

Ne trouvez-vous pas, Monsieur, que cette affirmation soit un peu absolue ?

Depuis 1789, on a plus fréquemment changé la loi électorale que la Constitution, sans que nos Gouvernements successifs aient obtenu la durée sur laquelle ils devaient compter.

Déviations politiques favorisant la désaffection.   Ne serait-il pas plus exact de dire que certaines déviations politiques favorisent *la désaffection* des masses, les attentats contre la tranquillité publique, et, trop souvent, le renversement du Gouvernement ; que diverses causes peuvent servir de prétexte aux tentatives de désaffection, mais que ce malheur n'arrive jamais qu'après des excitations perverses et un travail souterrain qui exige plus ou moins de temps ? La question financière, celle des subsistances, la liberté de la presse, et d'autres encore, peuvent, de même que la question électorale, servir de drapeau et de prétexte aux factieux qui cherchent à égarer les populations. — En tenant compte de la mobilité d'impression des masses, de leurs aspirations, de leurs appétits, de leur facile impressionnabilité, et en étudiant, de près, les moyens d'action des agents de désordre, on reconnaît bientôt qu'ils suivent la voie la plus sûre et la plus facile, pour désaffectionner et passionner les classes ouvrières : ce n'est, en réalité, pour eux, qu'une affaire de temps. Or, lorsque le Gouvernement cesse d'avoir la confiance et l'affection des masses, plus de moitié de l'œuvre de destruction est faite............... — La loi électorale, fût-elle aussi parfaite et aussi efficace que vous le désirez, elle serait encore impuissante pour prévenir une catastrophe qui aurait un autre prétexte.

Il faut, comme vous le dites, Monsieur, que le Gouvernement ait toujours pour lui l'opinion publique ; mais au lieu de suivre cette opinion lorsqu'elle s'égare, il doit la diriger, car elle est sujette à beaucoup d'écarts, et elle a besoin d'être protégée contre ses propres erreurs.

On trouve, à la page 15 de votre opuscule politique, cette pensée qui sert de base à votre système électoral :

« Je m'explique.

» L'organisation du pouvoir représentatif, comme on sait, est » hiérarchique : Conseil municipal, Conseil d'arrondissement, » Conseil général, Chambre des députés. »

Permettez-moi, Monsieur, de ne point penser comme vous à cet égard ; le Conseil municipal ne relève, en aucune manière, du Conseil d'arrondissement, et n'est point un degré qui doive conduire à ce dernier Conseil. Il en est de même pour les trois autres assemblées délibérantes; elles sont entièrement indépendantes les unes des autres, c'est-à-dire sans lien hiérarchique.

<table>
<tr><td style="width:25%;vertical-align:top">

Suppression des Conseils d'arrondissement.

</td><td>

Vous signalez l'inconvénient qui résulte, à vos yeux, de l'indépendance de ces assemblées ; puis vous proposez la suppression du Conseil d'arrondissement, comme étant un rouage inutile; et son remplacement par des Conseils cantonaux. En ce qui concerne la suppression des Conseils d'arrondissement, les hommes d'expérience administrative pensent comme vous.

</td></tr>
<tr><td style="vertical-align:top">

Création de Conseils cantonaux.

</td><td>

A l'égard des Conseils cantonaux, dont vous demandez la création, déjà la France fut soumise à un régime à peu près semblable : il y eut *des administrations municipales de canton*, assistées d'un commissaire du pouvoir exécutif, et particulièrement chargées de la répartition des contributions directes entre les communes du canton (voir à l'article 7 de la loi du 18 plairial an V, l'extension de pouvoirs accordée à ces administrations). Ce rouage administratif fut supprimé par la loi du 28 pluviôse an VIII *« concernant la division du territoire de la République et l'administration. »*

</td></tr>
</table>

Cette loi instituait les Préfectures, les Conseils de préfecture, les Conseils généraux et les Conseils d'arrondissement. — En supprimant les administrations de canton, et en transportant leurs attributions principales aux Conseils d'arrondissement, on a voulu que la commune devînt l'unité administrative. Peut-être s'est-on souvenu que, de l'an V à l'an VIII, époque où les besoins du Trésor étaient très-urgents, ces administrations entravèrent, plus qu'elles n'aidèrent, les recouvrements de l'impôt. — Dans ces conditions, serait-il convenable, aujourd'hui, d'établir des Conseils cantonaux ? L'affirmative me paraît douteuse.

Conseils municipaux. Dans les développements que vous donnez à la pensée exprimée

plus haut, vous dites : « Le Conseil municipal a des attributions si
» insignifiantes, qu'on peut presque le regarder comme une fonc-
» tion honorifique, et cet honneur n'a un peu d'éclat que dans les
» grands centres ; aussi beaucoup d'hommes de valeur s'abstien-
» nent-ils des fonctions municipales. »

TENDANCES DES MUNICIPALITÉS RURALES

Dans un grand nombre de communes rurales, les fonctions
municipales sont très-vivement briguées : elles assurent, en
général, aux conseillers, l'impunité pour les délits de pâturage et
autres ; elles leur donnent la facilité de satisfaire leurs rancunes
et leurs jalousies, par de petites vexations municipales, et même
par des procès sans motifs plausibles. Les communes perdent
souvent ces procès, mais les conseillers n'ont pas déboursé un cen-
time, et ils ont eu la satisfaction de voir leurs victimes se fati-
guer en démarches et faire des dépenses que rien n'autorisait la
municipalité à leur occasionner, si ce n'est son omnipotente volonté
de vexation, secondée par l'autorisation de plaider, que l'on accorde
trop souvent aux communes, sur un exposé inexact de leurs prétendu griefs.

Vous ajoutez, Monsieur, après la dernière phrase citée plus haut :
« Mais émancipez la commune, rendez-lui la direction et la res-
» ponsabilité de ses affaires, restituez aux Conseils municipaux la
» nomination du maire, le vote et l'emploi du budget communal ;

» donnez-leur le droit d'émettre des vœux politiques, faites-en sur-
» tout, comme je vais le proposer, *la seule porte de la carrière re-*
» *présentative;* et, d'une part, les candidats sérieux ne manque-
» ront pas ; de l'autre, les électeurs, dont les intérêts les plus
» immédiats seront engagés dans l'élection de la façon la plus
» claire, apporteront la plus grande attention dans leurs choix... »

Dans l'état actuel des choses, la commune, bien que fictivement
mineure, jouit cependant d'une suffisante latitude pour la direction et la gestion de ses affaires. Les décisions municipales sont,
à la vérité, soumises à l'approbation du préfet; mais on ne peut
voir là qu'une mesure de sécurité et une garantie pour la bonne
administration des intérêts communaux, qui, sans cette tutelle,
seraient souvent fort mal administrés.—Les maires, qui représen-
tent le pouvoir exécutif et qui sont hiérarchiquement ses délégués, doivent tenir de lui tous leurs pouvoirs. S'ils n'étaient
point à sa nomination, ils pourraient résister aux injonctions de
leurs supérieurs dans l'ordre administratif; et, le cas échéant,
le retrait de leur emploi et leur remplacement, présenteraient des
inconvénients que la prudence et l'esprit de conciliation comman-
dent d'éviter. L'expérience faite, il y a si peu de temps, du scrutin appliqué à la nomination des maires, a prouvé l'insanité de
ce mode.

En ce qui concerne le budget municipal (toujours dans les communes rurales), il est dressé par le maire et le Conseil, puis sou-
mis à l'approbation du préfet, qui le modifie s'il y a lieu. Les
communes sont donc parfaitement libres d'établir leurs budgets
comme elles l'entendent. Mais les nombreuses rectifications et
modifications que subissent ces budgets, après l'examen qui en
est fait à la préfecture, prouvent incontestablement que si ces *bi-*
lans annuels des communes étaient soustraits au contrôle de l'admi-

nistration supérieure, de très-graves désordres s'introduiraient bientôt dans la comptabilité communale, sans que les percepteurs, qui seuls connaissent cette comptabilité, puissent remédier à ce mal. — Quant à l'emploi des fonds votés, inscrits au chapitre *des voies et moyens* du budget, la municipalité en a particulièrement la surveillance et la direction. Il ne pourrait en être autrement.

Touchant le droit, pour les Conseils municipaux, d'émettre des vœux politiques, on se demande d'abord quels avantages pourrait en retirer le pays?... Aucune réponse péremptoire ne s'est encore, je l'avoue, présentée à mon esprit, quelques efforts que j'eusse faits pour découvrir à quelle association d'idée répond votre proposition. Dans votre pensée, bien entendu, il y a là une prévision d'ordre et de sage progrès que je n'ai pas saisie. Je poursuis donc mes remarques.

Vous dites, Monsieur, avec raison (page 10), que, pour assurer au vote électoral ses causes intrinsèques de précision, la première condition est la compétence de l'électeur. C'est une incontestable vérité, qui s'applique aussi bien à la compétence politique des Conseils municipaux, dans les communes rurales, qu'aux électeurs du suffrage universel. Si ces derniers, pris collectivement, ne sont point assez compétents pour donner une Chambre qui soit « l'expression exacte des sentiments et des intérêts du pays » (ce que l'on ne saurait vous contester), les municipalités rurales, prises collectivement, sont tout aussi incompétentes pour juger le mérite des vœux politiques qu'on leur proposerait d'exprimer. Si jamais on accordait ce droit aux Conseils municipaux, il adviendrait, dans l'expression de ces vœux, un embrouillement et une opposition qui rappelleraient la confusion des langues, dont furent frappés, *d'après l'histoire sainte*, les ouvriers occupés à la construction de la tour de Babel.

Il est évident qu'une semblable latitude, laissée aux Conseils municipaux, aurait pour résultat de diviser profondément l'opinion publique, et d'agiter les populations ; ce que vous vous appliquez à éviter dans votre spirituel écrit.

En écrivant cet opuscule, n'étiez-vous pas, Monsieur, sous l'influence de cette pensée, qu'il y aurait lieu d'organiser nos assemblées délibérantes et de les unir par un lien hiérarchique qui facilitât les moyens de former, pour ces assemblées, des hommes spéciaux qui trouveraient là une honorable carrière ? Cette interprétation se déduit naturellement du désir que vous manifestez, en disant, à propos des Conseils municipaux : « *Faites-en la seule porte de la carrière représentative.* »

Carrière représentative.   Je ne croyais pas, Monsieur, qu'il pût y avoir une *carrière représentative*; je pensais que les positions obtenues, *temporairement*, par l'élection, ne constituaient point *une carrière,* attendu qu'elles sont essentiellement amovibles, et que nul élu ne peut compter, d'une manière certaine, sur sa réélection. Si nous étions d'accord sur ce point, il deviendrait superflu de discuter votre proposition avant que des changements profonds, dans l'organisation de nos assemblées délibérantes, permissent d'ouvrir une véritable carrière représentative aux hommes capables de servir notre pays dans ces assemblées. Au surplus, cette question tient une place importante dans vos propositions, et je vais la reprendre sous un autre point de vue, en indiquant ce qui constitue, à mes yeux, une impossibilité morale à l'adoption entière de votre système, lequel, du reste, fonctionnerait avec facilité s'il ne s'agissait que de la mise en pratique pure et simple de vos procédés curatifs.

RÉSUMÉ DU SYSTÈME DE M. AUGIER

Permettez-moi encore, je vous en prie, Monsieur, de dégager votre système de l'excellent exposé des motifs qui l'accompagne, et des remarquables considérations sur lesquelles s'appuient vos propositions, afin de le discuter dans son ensemble. Personne, assurément, ne pourrait contester avec succès la rationalité et la justesse de vos idées, pas plus que l'opportunité de votre écrit; et si vous ne vous rencontrez pas toujours avec l'opinion des hommes qui redoutent, pour la chose publique, les dangers réels de la mobilité de l'opinion des masses, ces mêmes hommes, et je suis du nombre, sont, au fond, parfaitement d'accord avec vous sur la nécessité de faire « *quelque chose* » dans le sens que vous indiquez.

Voici, si je ne me trompe, le résumé assez exact de votre système :

Conseils municipaux : Leur personnel nommé, sans condition, par le suffrage universel;

Conseils cantonaux : Leur personnel nommé par les Conseils municipaux, et pris dans le sein de ces derniers Conseils;

Conseils généraux : Leurs membres nommés par les Conseils cantonaux, et choisis dans le sein de ces derniers Conseils;

Chambre des députés : Leurs membres nommés par les Conseils généraux, et choisis dans le sein de ces assemblées.

Elections annuelles pour ces pouvoirs, grands et petits, excepté pour les Conseils municipaux.

Par l'espèce de filiation que nécessiterait la mise en pratique de votre système, il s'en suivrait qu'une fois les Conseils municipaux en activité, le suffrage universel n'aurait plus à fonctionner que pour le renouvellement et l'entretien du personnel de ces assemblées communales !.... La moins importante de toutes les élections serait donc la seule occasion qui resterait au suffrage universel d'intervenir, pour une très-faible part, dans les affaires du pays !... L'opposition, qui se formerait aussitôt, avec l'intention avouée de ressusciter le suffrage universel, invoquerait-elle en vain le principe de souveraineté nationale, sur lequel repose le Gouvernement?..... Ne faudrait-il pas compter avec elle ?..... — Laissant de côté l'illégalité de cette mesure, pour apprécier ses principaux effets, n'aperçoit-on pas cette puissante objection : Autre chose est de prendre une part, plus ou moins grande, plus ou moins intelligente à la gestion des affaires communales, ou d'inspirer assez de confiance, aux électeurs du suffrage universel, pour obtenir d'eux la délégation de leur droit de vote dans les élections aux Conseils départementaux et à la Chambre des députés. Tel électeur qui enverrait au Conseil municipal un brave cultivateur, aussi ignorant que lui de la valeur relative des hommes politiques, ne le chargerait point de le remplacer dans l'élection d'un conseiller général ou d'un député : il choisirait un autre mandataire. Au reste, il ne faut pas se le dissimuler, et je prends la liberté de le répéter, les Conseils municipaux *de la plupart* des communes rurales sont aussi incompétents pour le choix des candidats à la députation que les électeurs du suffrage universel pris, collectivement, dans ces mêmes communes.

Le suffrage universel étant une conséquence étroite de la souveraineté nationale, il est indispensable d'avoir recours à ce moyen dans toutes les élections, afin d'ôter tout prétexte à la susceptibilité démagogique et à la propagande factieuse. On ne pourrait donc pas le restreindre, de telle sorte qu'il fût quasi-annihilé, sans fournir un prétexte dangereux de mécontentement. Ces observations, loin d'être dictées par un esprit de controverse incisive, sont là pour témoigner de la nécessité de remédier aux inconvénients que vous signalez.

En vain prétendrait-on qu'en élargissant les attributions des Conseils municipaux, on aurait bientôt, dans ces assemblées, un personnel plus capable et plus intelligent. C'est une erreur. Le paysan qui, par un dur labeur, une épargne sordide et toutes sortes de privations, est parvenu à s'enrichir, achète, à un prix élevé, le domaine patrimonial du bourgeois ; mais il n'a rien gagné en instruction, en civilisation, ni en amélioration de mœurs. Il exerce souvent dans sa commune une influence proportionnelle à sa fortune ; mais une sourde jalousie contre *le bourgeois*, dont il comprend la supériorité de savoir et d'intelligence, s'est, depuis longtemps, emparé de son cœur, et y a fait naître une antipathie d'autant plus vivace contre la bourgeoisie, qu'il croit prudent de la dissimuler. — Ce paysan enrichi, arrive ordinairement au Conseil municipal, où il apporte l'entêtement de l'ignorance parvenue, et la volonté de fermer l'accès du Conseil aux bourgeois.

Voilà ce que seront, encore longtemps, les Conseils municipaux des communes rurales. On ne modifie pas le caractère ; on n'améliore pas les mœurs ; on n'extirpe ni la jalouse convoitise, ni les appétits mauvais d'une génération majeure, pas même d'une jeunesse émancipée. Il faut s'y prendre dès l'enfance, pour faire des hommes pénétrés de sentiments religieux, de droiture, d'équité, de franchise et de bienveillance. — Mais, comment élargir les attributions des assemblées délibérantes? — C'est sans doute

en leur confiant des affaires qui sont aujourd'hui en d'autres mains ·.... Avec un peu de mémoire du passé, les hommes d'expérience ne trouvent pas que ce soit chose facile.

Ainsi, dans la supposition où l'on voudrait établir des Conseils cantonaux, il faudrait que ces assemblées eussent des attributions. Où 'es trouverait-on?... La suppression des commissions cantonales, établies, dans des temps difficiles, pour la régularisation des nouveaux impôts, devint, en l'an VIII, une nécessité. Elles furent, alors, remplacées par l'administration des contributions directes, qui existe encore aujourd'hui et qui fonctionne on ne peut mieux. Les Conseils cantonaux ne pourraient donc pas reprendre les attributions des anciennes commissions cantonales. Les Conseils municipaux n'auraient rien à leur céder, puisqu'il s'agirait d'augmenter leurs attributions. On ne pourrait pas davantage faire passer aux Conseils de canton les attributions des Conseils d'arrondissement, attendu que si ces dernières assemblées constituent un rouage administratif inutile, c'est parce que leurs attributions font exactement double emploi avec une partie de celles des Conseils généraux. A plus forte raison ne pourrait-on retrancher, aux Conseils de département, aucune des affaires qu'ils traitent, pour en investir les Conseils cantonaux..... On ne voit donc pas ce que les réunions au chef-lieu de canton pourraient avoir à faire, — à moins que le Code rural ne vienne en former une espèce de jury, pour les délits ruraux, et ne leur donne une surveillance active et une certaine autorité sur le service des gardes champêtres *embrigadés*..... Mais nous n'en sommes point encore là ; et il est peu probable que cette organisation soit prochainement adoptée par le Gouvernement.

J'arrive enfin à l'élection des députés, par les Conseils généraux. — En France, la moyenne des cantons est de 35 par département. En conséquence, les Conseils généraux comptent aussi, en moyenne, 35 membres par département. — Voilà donc 35 conseillers, se connaissant très-bien, chargés de choisir les députés qu'ils doivent nommer, dans leur espèce de cénacle, où l'esprit administratif est descendu, et les a pénétrés de ses lumières !..... On peut dire, ce me semble, que beaucoup de ces grands électeurs seraient embarrassés pour se prononcer entre des compétiteurs présents, qui leur sont chers à divers titres, et qu'ils désireraient ne point désobliger. Les suppositions pourraient aller plus loin : on admettrait peut-être que, dans le cas où l'élection n'aurait eu lieu que par 18 voix données à l'élu, il se trouvât des conseillers généraux qui s'abstinssent, plutôt que de prendre une part de la responsabilité qui pèserait sur leurs collègues, par suite d'un choix si important, abandonné à un si petit nombre d'électeurs. On pourrait, certainement, soutenir que les élus du Conseil général ne sont pas les élus du suffrage universel. D'un autre côté, Monsieur, vous craignez la corruption, parce qu'elle est « *inévitable tant qu'elle n'est pas impossible.....* » Quoi de plus facile, cependant, que la corruption, si l'élection des députés devait avoir lieu par trente ou quarante électeurs ? Comment se feraient les élections de Paris par ce procédé ?..... Qui oserait faire partie du Conseil départemental de la Seine ?..... Personne.

Il est probable que le député, élu par ses collègues du Conseil général, ne pourrait point leur refuser son appui, pour eux et pour leur famille ; qu'en retour il obtiendrait des conseillers, ses amis, l'expression des vœux qu'il leur conseillerait d'émettre, et l'approbation des mesures qu'il leur présenterait comme bonnes. — Une Chambre ainsi composée serait-elle l'expression des sentiments publics ? Il serait permis d'en douter.

Sans aller plus loin, Monsieur, et sans discuter l'annualité des

Les choix du suffrage universel ne pourraient être limités que par l'indignité du candidat

élections, je prendrai la liberté de vous faire remarquer que la conséquence la plus importante de la souveraineté nationale, *le suffrage universel,* ne peut être limitée dans ses choix, lesquels doivent être toujours le résultat du libre arbitre des électeurs. On pourrait donc prétendre, ce me semble, que votre système, si remarquablement étayé, n'est peut-être pas suffisamment constitutionnel.

MISE EN PRATIQUE DU VOTE A DEUX DEGRÉS

SYSTÈME DE L'AUTEUR DE CETTE LETTRE

Il ne me reste plus qu'à ajouter quelques détails aux indications contenues dans ma brochure de 1849, pour faire connaître le procédé du vote à deux degrés. Nous sommes d'accord sur ce point, que le suffrage universel direct *doit être employé pour les grandes questions gouvernementales* que chacun de nous a indiquées : j'espère qu'il en sera de même pour ce qui concerne *le corps électoral.*

Pouvoirs extraordinaires donnés par le suffrage universel, à des délégués chargés d'élire les députés.

Les électeurs du suffrage universel *pourraient bien*, par suite d'un sénatus-consulte rendu dans l'intérêt de la sincérité de l'élection des députés, *déléguer le pouvoir de voter, en leur lieu et place, à des citoyens, inscrits sur la liste des électeurs et qui auraient leur confiance*, et dont la compétence leur paraîtrait suffisante pour faire un bon choix parmi les candidats à la députation. De la sorte, *le principe de la souveraineté nationale serait intact*, puisque les députés seraient élus par la délégation spéciale et légale du suffrage universel. On comprend que ces délégués n'auraient point un mandat sans limite, et qu'ils ne pourraient, surtout, pas le déléguer.

Voilà, Monsieur, ce que vous ne refuserez pas, je l'espère, de m'accorder, car ce n'est autre chose que le suffrage *Mixte,* qui sert de base à votre système, avec cette différence, cependant, que je n'ai besoin que d'une seule délégation du suffrage universel, et que *je supprime*, après l'élection, *tous les pouvoirs temporairement concédés aux délégués* : de telle sorte qu'ils reprennent leur position d'électeurs du suffrage universel.

J'ai été amené, par de nombreuses observations, prises *sur le vif*, à penser que la permanence d'un corps électoral, lorsqu'il n'y a pas d'élection à faire, est un assez grave inconvénient, à tous les points de vue. — Bien que, d'une manière implicite, vous avez si bien caractérisé ces inconvénients (la corruption par exemple), que vos observations m'ont confirmé, dans l'opinion où j'étais déjà, qu'il serait désirable que l'on supprimât le corps électoral du second degré, et qu'on lui assignât sa véritable qualification en désignant ses membres sous le nom de *délégués du suffrage universel*, ce qui indiquerait mieux la durée éphémère de leur mandat.

Cela admis, les listes des électeurs (du suffrage universel, bien entendu : il n'y en aurait plus d'autre) seraient dressées comme cela se pratique aujourd'hui. Le jour de l'élection serait publié un mois à l'avance (plus ou moins). Pendant ce temps, les candidats à la députation auraient toute latitude pour se produire et publier, par voie d'affiches, de circulaires ou autrement, leur profession de foi et leur sorte de manifeste électoral. — Les postulants à la délégation du suffrage universel pourraient aussi se faire connaître à l'avance, s'ils le voulaient : rien, à cet éagrd, ne gênerait la liberté licite qu'ils auraient d'éclairer le suffrage universel.

Huit jours, et même moins, si cela était possible, avant la nomination des députés, les électeurs, réunis en comice dans leurs communes respectives, éliraient (à la majorité des votants, pour le premier tour de scrutin, et à la simple majorité pour le second) les délégués (1) chargés de faire choix des députés. Dans chaque commune, le nombre des délégués serait calculé d'après la population. Il paraîtrait convenable d'étendre les délégations dans la proportion d'un délégué pour 150 habitants.

Élections.

Le jour fixé pour le choix des députés, les délégués se rendraient au chef-lieu de l'arrondissement, où l'élection aurait lieu sous la présidence du maire de la ville et en présence du sous-préfet, *Commissaire du Gouvernement*, représentant l'administra-tion communale et départementale, ou d'un conseiller de Préfec-ture délégué.

Commissaire du Gouver-nement chargé de pro-téger la liberté des élections.

---

(1) Le mandat des délégués ne serait valable que pour une élection. Ces représentants ne pourraient être réélus à la prochaine élection, mais bien à la suivante, en alternant ainsi d'une période pour les élections subsé-quentes.

CONSÉQUENCES DE CE SYSTÈME

Par ce procédé :

1° Le suffrage universel interviendrait deux fois dans chaque élection : d'abord directement, pour faire choix des délégués, puis par l'intermédiaire de ces mêmes délégués qui, eux aussi, sont électeurs du suffrage universel, et nommeraient, par procuration de leurs collègues, les membres de la Chambre des députés ;

2° L'élimination complète des délégués étant une conséquence immédiate de l'élection, il ne resterait plus d'autres électeurs que ceux qui sont inscrits sur les listes du suffrage universel ; et ceux-ci, on ne les séduit que par la propagande, ils sont trop nombreux pour être achetés ;

3° La nomination des délégués serait trop rapprochée du jour de l'élection des députés pour que l'on eût le temps d'agir d'une manière efficace sur le vote que ces fondés de pouvoirs sont appelés à émettre. Ces derniers sachant, d'ailleurs, qu'après l'élection leur influence disparaîtrait, en même temps que leurs pouvoirs, se laisseraient difficilement circonvenir ;

4° L'élection des députés au chef-lieu de l'arrondissement, en dehors de toute pression locale, laisserait les délégués plus libres de mûrir et d'arrêter leurs choix, en les discutant avec leurs collègues des autres localités ;

5° La présence du sous-préfet à ces élections préviendrait, sans doute complétement, les désordres qui ont quelquefois eu lieu dans la salle même du scrutin.

En cas de tentative de désordre, le sous-préfet, première autorité administrative de l'arrondissement, aurait les moyens, même par la force, si cela devenait nécessaire, de faire respecter l'ordre qui doit régner dans toute l'opération qu'il serait chargé de protéger ;

6° Lorsqu'il s'agirait de questions électorales à faire résoudre séance tenante, le sous-préfet, en sa qualité de commissaire du Gouvernement, prendrait immédiatement des conclusions, et le Bureau, après avoir entendu les réquisitions du sous-préfet et s'être reporté aux lois et instructions qui régissent la matière, statuerait sur la question engagée ;

Cette mesure, de la part du Gouvernement, de faire faire l'élection au chef-lieu d'arrondissement, et d'obliger les délégués, sous peine d'amende, de s'y rendre à l'époque désignée pour prendre part au vote, n'aurait rien d'exorbitant ni de trop absolu, puisque cette condition, connue d'avance, laisserait aux aspirants à la délégation toute latitude pour ne point accepter cette marque de confiance ;

7° Le délégué qui refuserait, après le vote qui l'aurait désigné, l'honneur de représenter ses concitoyens, devrait, dans le délai d'un jour franc après sa nomination, notifier son refus au maire de la commune qui l'aurait élu. Dans ce cas, ce magistrat convoquerait, dès le lendemain, les électeurs pour remplacer le délégué non acceptant. — On peut assurer d'avance que ces refus seraient fort rares ;

8º Une des conséquences les plus importantes de cette mesure serait de faire cesser les abstentions, et, par suite, de donner au scrutin un plus grand caractère de sincérité que par le procédé actuel ;

9º Avec un sous-préfet ou un conseiller de Préfecture commissaire du Gouvernement, près de chaque élection de députés, les procès-verbaux mentionneraient tous les incidents de cette opération, et le ministère serait parfaitement renseigné sur les faits électoraux qu'il a si grand besoin de connaître. — Les actes signalés à la tribune nationale, pendant la dernière vérification des pouvoirs, ont mis dans la plus incontestable évidence le besoin d'une intervention forte et respectée, pour assurer l'exécution honnête des lois et règlements relatifs aux élections. Il n'est pas douteux qu'une semblable mesure soit bien accueillie par les amis de l'ordre, quelle que soit leur opinion ; et l'on peut dire, avec certitude, que la présence d'un commissaire du Gouvernement aux élections des députés est une nécessité du temps où nous sommes.

Je n'insisterai ni sur la facilité avec laquelle on mettrait ce système en pratique, ni sur la parfaite constitutionnalité des moyens qu'il faudrait employer pour cela. Déjà, je le sens, j'ai abusé de votre patience, et il est temps de mettre fin à mes observations, en vous priant bien sincèrement, Monsieur, d'excuser mes témérités........

Cependant, j'éprouve une sorte de regret de terminer ma lettre avant de vous avoir dit toute ma pensée, et je cède, sans y réfléchir davantage, au désir de vous communiquer mes impressions politiques. Je vais donc vous les faire connaître :

IMPRESSIONS POLITIQUES DE L'AUTEUR

Sur la question qui nous occupe, vous pensez que le malaise de notre société pourrait être dissipé par une bonne loi électorale, et, en bon citoyen, vous posez les bases de cette loi.

Sur cette même question, je diffère un peu d'opinion avec vous, et je pense que la permanence du corps qui doit élire les députés est un danger. J'indique le moyen de tenir ces électeurs (les délégués) en réserve, pour ne les faire connaître qu'au moment où ils devront agir, puis de les éliminer aussitôt après l'élection.

Eh bien ! Monsieur, je crois que notre Patriotisme est débordé !... On espère beaucoup du suffrage universel direct, et on désire obtenir, pour lui, des concessions de nature à prévenir ses écarts. — L'opinion publique, qui se trompe souvent, tend à se fractionner, et elle hésite à se prononcer entre *le populaire*, dont la supériorité matérielle réside tout entière dans sa force brisante, et *la bourgeoisie*, dont la supériorité intellectuelle ouvre la voie à tous les progrès désirables, et dont la prudence ne démolit qu'après avoir édifié dans de meilleures conditions. — Il ne semble pas, d'abord, que le choix puisse être douteux ; mais quand on voit des hommes de mérite, de talent et d'esprit, prétendre qu'il serait possible, en peu de temps, de transformer la plèbe et d'en faire des citoyens ayant assez de bon sens et de droiture politique, pour intervenir avec sagesse et modération dans les affaires du pays, on ne peut que redouter les exagérations de cette erreur politique et plaindre les hautes intelligences qui s'égarent dans cette voie, parce qu'elles n'ont pas étudié, *d'assez près et sur nature*, les effets produits par l'esprit et la propagande révolutionnaires.

La démagogie fait chaque jour d'effrayants progrès.

Les coteries dont je veux parler, déjà mal impressionnées depuis 1848, sont prêtes aujourd'hui à former des masses factieuses qui agiront sous les ordres de la révolution, lorsque leurs chefs actifs croiront pouvoir, sans danger, briser les liens qui les tiennent courbés sous l'apparence de la soumission. Voilà ce que les habitants des grandes villes ne croient généralement pas, parce que le socialisme s'est à peu près retiré des centres bien gardés, où la lutte ne lui présenterait que des chances certaines de défaites, et qu'il a pris son domicile dans les campagnes, où il possède une formidable réserve. Si les hommes qui approchent le pouvoir ne savent pas cela, et s'ils ignorent que les sociétés secrètes poursuivent leur œuvre révolutionnaire, c'est, ainsi que je l'ai fait remarquer plus haut, qu'ils ne savent ce qui se passe au fond de la province que par des rapports optimistes... Pourquoi ne leur dirait-on pas la vérité sur la doctrine socialiste que l'on inculque aux néophytes ? La voici :

Le socialisme a envahi les campagnes.

On développe dans leur cœur l'envie, la jalousie, la dissimulation, la convoitise, la fourberie, le mensonge, le faux témoignage, la rapine et le vol. Voilà les passions qui animent le socialiste rural, lorsque son éducation est complète.

La vérité sur les aspirations des socialistes.

Dans la perversion morale, réalisée en 1848, les mauvaises passions, qui auparavant sommeillaient dans les replis les plus secrets du cerveau de ces hommes sans principes, sont venues à la surface, et tendent à s'imposer aux bas-fonds de la société, comme l'expression d'un *principe de liberté absolue et d'égalité native*, qui les autorise à tout entreprendre pour la satisfaction de leur cupidité.

Pourrait-on douter de cet antagonisme d'opinions, qui s'agite aux abords du pouvoir, lorsque les journaux, qui appuient et défendent le Gouvernement, font la confidence suivante au public : « Il » y a visiblement, non pas, Dieu merci, dans les hautes régions » gouvernementales, où règne avec une admirable persévérance » un sage esprit de libéralisme et de progrès, mais autour du pou- » voir des tendances rétrogrades qui, si elles parvenaient à triom- » pher, entraîneraient l'Empire en sens inverse de son développe- » ment logique et populaire, vers le système restrictif qui a mar- » qué les temps difficiles et transitoires de 1852.

« C'est plus même qu'une tendance qui s'agite autour de la po- » litique ; c'est un parti, et nous ne l'avons pas qualifié d'un nom » trop énergique, lorsque, naguère, nous l'avons appelé *le parti de* » *la réaction* (1). »

Tendance dite progressive.

Eh bien ! la tendance progressive du jour s'affirme par la demande d'une liberté sans limites, d'un progrès désordonné dans sa vitesse, et d'une large décentralisation.

Que signifie cette liberté sans limites ? — Qu'on la définisse nettement, et il sera possible, alors, d'en mesurer les conséquences ?

Quel progrès réclame-t-on ? qu'on le dise avec franchise ?..... Le *véritable progrès*, celui qui développe la civilisation, dans la proportion de l'intelligence des masses, et qui accroît notablement la prospérité des nations, *fait son chemin seul* : il ne demande la remorque à personne, la paix lui suffit, et voici comment :

Les sciences établissent et démontrent leurs théories et leurs dé-

____

(1) La *France*, 22 septembre 1864.

couvertes, dans l'ordre intellectuel comme dans l'ordre physique ; les arts s'emparent, ensuite, des vérités et des faits susceptibles d'une application utile aux divers usages de la vie sociale, et ce concours amène le perfectionnement et le progrès dans les résultats du travail des hommes. Voilà le seul progrès que souhaitent et qu'attendent les hommes sincèrement attachés à leur patrie. Pour l'obtenir, il suffit de laisser marcher la science ; car, au temps où nous sommes, l'esprit public recherche et accueille avec une faveur marquée les applications scientifiques aux besoins de notre civilisation.

La tendance que l'on a nommée *rétrograde* veut aussi la liberté, mais une liberté en rapport avec l'avancement intellectuel et le degré de civilisation du plus grand nombre de ceux qui doivent en jouir ;

Elle désire le progrès, mais un progrès sage, réfléchi, et qui ne ressemble en rien à celui que rêvent certains cerveaux exaltés ;

Elle repousse la décentralisation, par les motifs que j'indiquerai ci-après.

Voilà la question nettement résumée : en se rendant exactement compte des faits qui ont donné naissance à cette divergence dans les moyens, chacun pourra conclure.

Ces opinions ont l'une et l'autre les mêmes *desiderata* : Assurer à la dynastie impériale et à son Gouvernement les sympathies *constantes* de la nation, éloigner, avec vigilance, *tout prétexte à une pensée de désaffection*....... Mais les moyens ne sont pas les mêmes.

Les hommes que l'on qualifie de *rétrogrades* savent que certaines concessions forceraient bientôt le pouvoir à en accorder d'autres, que ne comporterait pas la maturité des masses, et que si le Gouvernement s'y refusait, la révolution redoublerait d'efforts pour semer la désaffection; qu'elle s'irriterait, n'écouterait plus rien, et finirait, comme cela se fait toujours, par passer sur le corps de ses chefs pour arriver plus tôt au pouvoir. Ces mêmes hommes redoutent les aventures politiques, ils demandent que l'on éclaire le pays, et que le Gouvernement, sous l'inspiration puissante et féconde de son chef, continue à agir avec la maturité qui rend sa marche certaine et qui lui concilie les suffrages du pays.

Les hommes, dits de *progrès*, agissent comme s'ils voulaient que le Gouvernement se tînt constamment dans *le courant principal de l'opinion publique*, lors même que cette opinion s'égarerait. En un mot, les apparences semblent indiquer qu'ils toléreraient que le Gouvernement suivît tous les caprices de cette *Reine du monde,* plutôt que d'avoir avec elle le moindre dissentiment. Ils savent où conduit la désaffection la moins méritée, succédant à l'enthousiasme le plus exalté, et ils pensent qu'en ne s'arrêtant pas dans leur course, il n'arrivera jamais que « *Paris s'ennuie.* »

Ces deux tendances, si différentes par les moyens, se font, l'une et l'autre, un rempart du suffrage universel; elles ont foi dans sa docilité, et elles espèrent, chacune en son particulier, avoir trouvé le moyen de neutraliser sa mobilité!....

Dans cet état de choses, il est clair que le moment n'est pas venu de réglementer le suffrage universel.

Vous avez parfaitement démontré que cette réglementation deviendra une nécessité politique. De mon côté, j'avais, dès 1849, été frappé de l'inaptitude du vote universel pour l'élection des députés, et j'indiquai, pour cet objet, le vote à deux degrés. Je viens d'ajouter quelques détails à ce que j'ai écrit en 1849.

Avons-nous avancé la question ?..... Cela est douteux. Attendons,
alors, qu'elle soit plus mûre. — Un jour, sans doute, l'Empereur,
dans sa haute sagesse, trouvera qu'il y a lieu de réglementer
le suffrage universel, pour mettre fin à tous les inconvénients que
vous avez signalés....... Attendons avec confiance.....

DÉCENTRALISATION

Je désire, actuellement, vous parler de la décentralisation, que
vous considérez comme une chose utile, et que je regarde comme
une idée funeste. Examinons :

Au temps où nous sommes, une soif ardente de progrès et de
liberté existe, à l'état d'aspiration impérieuse, dans le cœur d'un
très-grand nombre d'hommes intelligents, et même de très-fortes
têtes...... Cependant, la décentralisation est une mauvaise chose,
soit au point de vue de la conciliation, soit à celui de la justice,
soit enfin à celui de la force et du prestige que l'on doit laisser au
pouvoir... — En effet :

Avec la centralisation, les affaires sont traitées sous les yeux Effets de la centralisation
du Gouvernement, par des hommes spéciaux, d'une indépendance
absolue ; ne cherchant jamais à savoir si leurs décisions plairont
à tels ou tels intéressés ; apportant, dans l'accomplissement de
leurs devoirs, une expérience éclairée par une étude et des travaux

embrassant toute la France, ce qui leur donne une compétence et une ampleur de vues que ne peuvent jamais avoir des hommes n'agissant que dans le cercle étroit d'un département, ou même d'une commune.

Avec la décentralisation, les affaires sont traitées à peu près sur place, par des hommes du pays, plus ou moins compétents et indépendants, agissant souvent sous la pression de coteries, quelquefois influentes, toujours tenaces. — Les décisions rendues par les administrations locales laisseront, on le comprend, souvent à désirer; et, quand même elles seraient parfaitement équitables, la partie qui se croira lésée se plaindra, et conservera de mauvais sentiments contre son adversaire et ses juges. L'expérience de tous les jours ne montre-t-elle pas, d'ailleurs, que plus les juges sont éloignés des parties, plus l'impartialité des décisions est assurée, et plus la justice est respectée ? — Vous dites, Monsieur (page 20): « La corruption, je le répète, est un fait inévitable, tant qu'il n'est pas impossible. » — Vous reconnaîtrez, en conséquence, que le soupçon de corruption atteindrait plutôt les administrations de province que celles de Paris, parce que les premières, placées tout près des intérêts en litige, sont exposées à des sollicitations quelquefois peu honnêtes, tandis qu'il ne pourrait en être ainsi près des commissions parisiennes, dont le nom des membres n'est souvent pas connu en province. Voilà pour la conciliation et la justice. A l'égard de la force morale qui doit entourer le pouvoir, elle est relative au degré de confiance qu'inspire le Gouvernement; et, sous ce rapport, la France est pleine de sécurité sous le sceptre de l'Empereur Napoléon III. Mais il est certain que plus la décentralisation donnera de pouvoirs aux assemblées secondaires, plus celles-ci en demanderont. Si l'on ne défère point à leurs prières, il en résultera des mécontentements ; si, au contraire, on augmente encore leurs attributions, l'esprit national aura de la tendance à s'affaiblir au profit de la coterie qui se formera autour de l'autorité départementale.

Au surplus, les plaintes qui ont eu lieu à l'occasion de la centralisation ne portaient point sur la valeur et le mérite des décisions rendues ; elles avaient pour objet les nombreuses formalités qui entourent la centralisation, et qui retardent tant les décisions. Il suffirait donc de simplifier ces formalités, ce qui serait difficile, je le crois, puisqu'on n'a pu encore le faire ; mais il serait très-facile d'abréger le temps pendant lequel les affaires séjournent, sans utilité, dans les bureaux. *Plaintes contre la centralisation.*

On a prétendu que ce fut le despotisme de Napoléon Ier qui établit, en France, une centralisation excessive. C'est une erreur : la centralisation existait depuis des siècles avant le règne de Napoléon Ier. Ce fut par ce moyen que nos rois fondèrent et établirent une grande nation : forte, compacte, homogène, et animée d'un ardent patriotisme. — L'Empereur Napoléon Ier a su organiser cette centralisation, dont il avait reconnu la puissance bienfaisante, et il parvint, avec elle, à créer cette savante et belle administration française, la plus probe et la plus instruite du monde, si supérieure à celles des autres puissances de l'Europe. *Centralisation impériale de Napoléon Ier.*

Personne, à l'exception de M. de Tocqueville, n'a aussi bien traité la question de centralisation que M. V. Mouline (1).

Je prends, à l'appui de l'opinion que je viens d'émettre, un fait tout récent rapporté dans la brochure de cet homme de lettres, et dont la vérité est incontestable. M. Mouline fait précéder sa narration du paragraphe suivant : *Narration d'un fait arrivé depuis la décentralisation, en matière de voirie communale*

---

(1) Brochure in-8°, 60 pages. Lamarche, éditeur, place Saint-Etienne, à Dijon.

« Je crois qu'il n'est pas bon d'abandonner à lui-même le petit
» monde communal. Qu'on se figure, dit un auteur, qu'on se fi-
» gure le Gouvernement avec toutes ses proportions, dans une
» petite ville avec toutes ses haines, la souveraineté aux mains
» d'une coterie des Pazzi et des Capuleti de village, armés de tous
» les emplois et conspirant la ruine de leurs ennemis par voie d'ad-
» ministration, d'alignement, de police, d'impôts, de jugement....
» Quelle immolation des minorités!.... Quelle violation de leurs
» droits, de leur liberté, de leur vie intime! Que d'injures aggra-
» vées d'insultes! Ce tableau que le Dante rencontrait à chaque pas,
» manque à la *Divine Comédie :* il est vrai qu'elle ne peint pas l'en-
» fer sur la terre. » M. Mouline passe ensuite au fait dont il s'agit :

« Nous connaissons un homme d'une très-haute intelligence et
» d'une honorabilité qui égale sa grande valeur intellectuelle. An-
» cien directeur d'un des plus importants services administratifs
» dans les départements, l'idée lui est venue de jouir de sa retraite
» dans le village qui l'a vu naître, et de placer sa tombe auprès de
» son berceau. Il y est venu avec les idées élevées qui le distin-
» guent, avec son goût pour l'étude, avec ses livres et avec ses sou-
» venirs. Il n'a brigué aucun honneur municipal, il ne demandait
» que le repos, le calme, *otium cum dignitate*, et il n'a trouvé que
» les misères, les petites persécutions si fréquentes dans les petits
» centres inintelligents et envieux de toute supériorité. On lui dis-
» pute son affouage, et on vient de s'apercevoir, tout à coup, que sa
» maison paternelle, construite depuis plus de cent cinquante ans,
» gêne la circulation dans une rue où il ne passe personne. On vou-
» drait l'exproprier. Il vit au milieu de procès puérils, mais inter-
» minables, au milieu d'une conspiration perpétuelle d'intérêts
» mesquins qui l'obsèdent et qui pourraient bien avoir raison de sa
» persévérance. Dans ces combats, ce sont les forts qui succom-
» bent, bien souvent.

« **N**ul ne l'ignore, la commune est mineure : mineure émancipée
» cependant, et beaucoup plus que sous l'ancien régime, car rien,
» sous cet ancien régime, n'approche, en fait de franchises muni-
» cipales, de celles qui se trouvent dans notre loi du 18 juillet 1837
» et dans les règlements ultérieurs qui ont son application pour
» objet. »

On pourrait prétendre que cette circonstance, d'un homme honorable en butte aux vexations municipales les plus éhontées,
prouve simplement qu'il y a litige et procès entre la commune et
ce propriétaire, mais que l'on ne sait qui a tort ou raison ? A l'é-
poque où écrivait M. Mouline, la commune, à la vérité, n'avait
encore perdu qu'en instance, le procès par elle intenté à M. X....
Aujourd'hui, tout est terminé, et voici, en peu de mots, ce qui est
advenu : M. X... avait été traduit, par le maire de son village, devant le tribunal civil, sous le prétexte *de s'être emparé d'une partie
de la place publique!* La préfecture avait autorisé le maire à poursuivre. La commune perdit en instance. Elle se pourvut devant la
Cour impériale, et le préfet l'autorisa encore à plaider en appel. La
coterie qui faisait poursuivre M. X..., et qui était parvenue à trom-
per le préfet, essaya d'agir encore, dans le même sens, aux abords
de la Cour impériale; mais ses efforts vinrent se briser au pied du
palais de cette haute justice. M. X... se trouvait en face d'un pouvoir très-élevé qui, ainsi que le disait le président Séguier, *rend
des arrêts et non des services.* La commune fut condamnée à l'a-
mende et aux dépens d'instance et d'appel..... Si cette affaire, qui,
au fond, n'était qu'une question d'alignement, au lieu d'être portée
devant la justice, sous le prétexte d'anticipation, eût été traitée
administrativement devant le préfet, il n'est pas douteux que
M. X... n'eût succombé sous les efforts de la coterie qui avait l'autorité administrative pour elle.

En définitive, la décentralisation n'est autre chose que le **Marteau du démolisseur**... — Si on laissait aux administrations locales les décisions à prendre, sur certaines questions, ces affaires ne seraient pas jugées de la même manière dans tous les départements, et il s'établirait une jurisprudence variant, selon les localités, sur des questions indentiques. Ce serait une sorte de retour aux anciennes coutumes locales qui, à la longue, tendrait à diminuer la force de cohésion qui fait, de la France, l'unité la plus compacte et la plus homogène.

Le Code immortel de Napoléon sera toujours respecté et appliqué dans les causes civiles : personne n'en doute ; mais il ne régit pas les affaires administratives...... Si cette décentralisation, qui est une menace pour les hommes prévoyants, devait s'accomplir, il faudrait au moins que, sur la demande des citoyens qui ont un intérêt direct et personnel dans les contestations jugées en province, ces affaires fussent révisées et jugées de nouveau à Paris, sans frais pour les parties.

On ne peut disconvenir que la décentralisation a pour résultat immédiat de diminuer les garanties des citoyens, en investissant les préfets, et même les Conseils municipaux, du droit de prononcer sur des questions spéciales, pour lesquelles ces pouvoirs seront souvent dans la nécessité de recourir à des avis de personnes n'ayant aucune responsabilité réelle près de l'administration. Il n'est donc pas admissible qu'en faisant descendre d'importantes questions devant des juridictions d'un ordre moins élevé que celles qui en connaissent aujourd'hui, on ne donne pas aux parties intéresées de nouvelles facilités pour faire réformer les décisions locales qui pourraient ne pas être suffisamment bien fondées.

Je termine, Monsieur, en sollicitant votre bienveillante indulgence pour cette ennuyeuse missive, si tant est que vous preniez la peine d'en commencer la lecture. J'ai voulu répondre à votre appel, et je me trouverais heureux si vous approuviez quelques-unes de mes idées.

Je vous prie d'agréer l'hommage des sentiments de la plus sincère sympathie, avec lesquels j'ai l'honneur d'être, Monsieur, votre très-humble et très-obéissant serviteur.

BOICHOZ.

Bordeaux. — Imprimerie Eugène BISSEI, rue Porte-Dijeaux, 45.